¿Por qué los balcones siguen abiertos?

IRINA CARPENA

Aliarediciones

Corrección: Eladia Guerrero
Diseño de cubierta: Laura S. Ayuso
Maquetación: Aliar Ediciones

Depósito Legal: GR 1645-2024
ISBN: 979-13-87590-03-1

Impreso en España

Edita
ALIAR Ediciones
www.aliarediciones.es
info@aliarediciones.es

¿Por qué los balcones siguen abiertos?

IRINA CARPENA

Gracias a mi akelarre Carpena por sostenerme en la locura.

Gracias al Chico burbuja por quererme cuando yo no podía.

Gracias a Mercedes porque me quiso incondicionalmente.

Y un día, como último recurso, desesperada te adentras en el bosque.
Caminas a la vez que le das vueltas y más vueltas a la cabeza.
Ansías encontrar a ese árbol viejo y sabio, que puso respuestas a las mil preguntas que te haces ahora.
—Acércate y escúchame—
dijo el árbol.
Yo, insegura, me acerqué.
—Te he estado observando todo este tiempo desde la última vez que viniste, años atrás.
He de decirte que desconozco a la persona que llevas dentro,
desconozco el porqué de tus comportamientos.
¿Dónde está la niña luchadora que prometió no rendirse nunca?

Lunnaris LUNA

Eclipse penumbral *(o apulso),*
ocurre cuando la Luna pasa a través de la penumbra terrestre.
La penumbra ocasiona un sutil oscurecimiento en la superficie lunar.

Solo pájaros caídos en mi jungla
y esta necesidad
del canto
que no cesa.
Gustavo TISOCCO

La insignificancia es un estado más en la materia.

De mí,
cuerpo motor,
lo que no
        me concedo.

Es sistémico lo que me falta,
        todas/las/partes/todo.

No es redundancia,
tan solo es tristeza.

Buscar con las manos
        frío que justifique la distimia.

Más peso en la boca
no convierte la palabra
        en piedra.
        Es absolutamente una piedra,
no comunicarse a través
        del corazón.

Yo soy una piedra.

De mí,
la insignificancia es un estado más en la materia.
De ti,
la materia es un estado líquido.
Es trampa la ausencia,
                    alimenta nuestro espejismo.
De ti,
destruyendo desde la matriz nuestra materia.

De mí,
siendo toda
la
insignificancia.

No me comprenden.
Nunca me comprenden.
No quieren abrir los ojos.
A la verdad.
Ángela SEGOVIA

La verdad,
te quería decir:

—*Sobre la mesa del tiempo solamente quedan platos vacíos.*

Puedes dibujar,
¿con la cuchara?
(sí, con la cuchara)
un corazón.
cuchillo.
clavar.
punta.
hasta.
fondo.

El fondo soy yo,
¿lo sabías?
Los ojos,
siempre los ojitos,
pueden responder a todas tus preguntas.

El silencio también es un cuchillo,
se afila con la paciencia del hambriento.

Lo hondo que entrega el futuro
a las cartas de una bella muerte,
                                        insegura.
.querer vivir.

Querer vivirte siempre
                        siempre
                        siempre
como quien requiere la luz
en
el
descenso.

Acudir a tu puerta era
                una
                opción
(decidí no abandonar la mía).

En este umbral,
se aceptan despedidas.
|o|
Solo se aceptan despedidas.

También mueren los lugares
donde fuimos felices.
Julio Ramón RIBEYRO

Perdimos como quien pierde un imperio
(no perdimos nada).

El dolor por lo que atraviesa,
un ladrillo con forma de lengua.
Chupar hasta nutrir de arcilla
el corazón de la memoria.
Pequeña vena rompiéndose,
ejerzo la fuerza de mi
resistencia.

Un muchito es el esfuerzo de los perdedores.

Cuando ya no queden amaneceres
ni Peter Pan acuda a la ventana para rescatar tus sueños
/comienza la pesadilla/
Esta bárbara realidad de ser.

Hay demasiado peso,
¿por debajo?
levedad.

Cualquier complejidad sobre el abandono
tiene un manual de instrucciones basado en
tristezas.

Ya no se improvisan rescates de madrugada.

Tampoco nos quedan carreteras para atravesar
si la autopista se queda a oscuras,
debemos imaginar cómo pudo ser el viaje.

Perdimos como quien pierde un imperio.
Ese imperio era todo de la duda.

Dejando atrás los martillos que clavaban,
a fondo,
el ataúd que soy
(no hay nadie dentro).

Solo una imagen de la niña que fui,
en posición fetal,
rezando para nacer de nuevo.

Sueños del nacimiento de tu hermana,
tu madre muriendo en el parto y una y otra vez
sin saber cómo parar,
dándote a luz una y otra vez.
Adrienne RICH

Cuando sangro,
soy vulnerable.
Atraigo depredadores,
se alimentan de la política del miedo.

Cuando sangro me vuelvo masa,
inerte,
carne de carne,
siempre dispuesta al fuego.

Sangre es sangre,
no admite narrativas circulares.

No quiero ser tiburón.

Jamás he descrito el dolor como una boca,
muerde,
el colmillo aprieta para
escuchar sonido,

debilidad.

Soy boca,
todo lo pido por favor,
también la súplica.

Ser presa de esta presión,
supervisar la decadencia,
donde no me quedan habilidades,
tampoco necesito herramientas.

Solamente un engranaje para seguir funcionando.

He sangrado para que en 28 días
insulten lo más próximo de mí:
nacer ha sido nuestro mayor insulto.

Arrodillarse para celebrar lo fecundo,
enterrar la cabeza en las fosas que jamás nombraremos.
Tampoco podremos recordar a nuestras hermanas,
con las bragas introducidas
hasta
el
esófago.

La molécula superviviente
recorre las vértebras
                vivas,
                ejército de tiburones.

Dios no nos puede dar ningún tipo de confianza.

Si el género indiscutible de la masculinidad
azota impune,
desde el Olimpo,
no existe escapatoria.

Mi cabeza
es
la
cabeza
del
depredador.

Y a mi alrededor,
el enemigo es vuestro silencio.

Oblígame a esperar.
No vengas nunca.
Robin MYERS

El tiempo es una memoria infinita.

Se doblan las ramas como te doblarás tú
(árbol de la vida),
manejando el aire,
«nunca en la dirección del viento».

Así no se posan los pájaros en tus ramas,
no soportarías el peso de la libertad
batiendo
sus
alas.

—¿Cuánto de ti estarías dispuesta a ofrecer por una memoria infinita?—

Cuánto de ti
(menos el tiempo)
dejarías caer por el abismo
si no tuviera raíces el vértigo
desde tus entrañas.

Tal vez la solución sería el hacha.

□
/ \
[ ]

El miedo es un leñador sin ojos.

Te cuento estas cosas sobre mí
sólo para legitimar mi voz.
Una historia nos inquieta
hasta que conocemos
a quien la cuenta.
Joan DIDION

Te cuento lo que no se dice pero se hace verbo y como verbo es bola en la boca si no se dice, no se cuenta, no se macera en la punta de la lengua lo que yo, solamente yo, te quiero contar, y es la vejez lo que me cansa, es la pobreza lo que me cansa y es la tristeza de los bares lo que me tiene tan absolutamente cansada y te quiero decir que lo que más me cansa eres tú tan dentro de lo que he contado que pierdes tanto el sentido que sigue siendo un sinsentido seguir hablando sobre ti sin estar tan cansada de lo que tengo que contar, siempre, *yo.*

Yo no puedo darte más.
No soy más que lo que soy.
Pedro SALINAS

El tiempo que dedique a mirarte de lejos
es el tiempo que no dedico a mirarme de cerca.

El tiempo que te doy
es el tiempo que no me entrego.

El tiempo,
siempre es el tiempo,
como en un cliché cinematográfico
(es un traidor).

Una mujer es su propia madre.
Eso es lo principal.
Anne SEXTON

Migas de pan,
        el gorrión de tu boca.

Yo
soy
el
hambre.

Pica la ansiedad de tu
                        lengua.
Sin abrevia
        turas.

Morder   *arrancar,*
arrepentirse   *después.*

Todo muela lo que **todo** se muera,
        que se mueran los que vinieron tarde
                al banquete.

Yo
soy
el
hambre.

Me pica toda la ansiedad de tu
lengua.

Migas de pan,
el gorrión de tu boca.

Mis ojos.
Vencidos a la fuerza de
tu
nombre.

Un cuervo que aún decido alimentar.

La única pasión de mi vida ha sido el miedo.
HOBBES

Hay un lugar al que no puedes volver.

No tiene calles,
paseos infinitos.

La cotidianidad desaparece en el tráfico
de las personas,
tienen más prisa que urgencia.

Hay un lugar al que no puedes volver.

Si lo miras con tus ojos de prisma,
la oscuridad envejece
el paisaje.
Las sonrisas son curvaturas opuestas
a la alegría.
Los semáforos siempre están en rojo,
cruzan las avenidas con
desesperación.

Hay un lugar al que no puedes volver.

Es una casa sin sueños
(era la casa de tus sueños).

Tenía un plato sobre la mesa,
una familia que esperaba celebrar
el momento,
la risa latente de lo que acontece sin remedio
porque vivir es celebrar
(vivir es celebrar),
y cuando vives
no
sientes
miedo.

Hay un lugar al que no puedes volver.

Eres tú,
sin ser tú,
una carpeta llamada pasado
en la memoria obsoleta del ordenador.

Volver a esos lugares en clase turista,
siendo extranjera de tu país interior.

Mirar con tus ojos de prisma.
Todo castigo desemboca en
consecuencias.

Hay un lugar al que no puedes volver.

Y si vuelves,
tienes que soltar la soga
atada
al
cuello.

Eclipse parcial,
ocurre cuando solo una parte de la Luna entra en la umbra.

Después de recibir violencia,
la sensibilidad parece un secreto.
Flavia CALISE

Creo en lo insustancial de la vida,
en la víspera de lo que nunca llega.

Creo que las palabras más próximas
son las que más se alejan.

Creo en las personas que nacen para perder,
en las personas que ganan
a base de lo que pierden los demás.

Creo que para entender una causa
hay que cerrar el puño primero,
para abrirlo después
a quien tienes al lado.

Creo que para hacer
nos tenemos que mover,
para poder movernos
hay que tener actitud.

Creo que el amor es para expandirse,
si no te expandes
es porque no tienes amor
por lo que acontece.

Creo que para vivir
hay que morir primero,
si no has muerto
no puedes entender el significado de
estar
vivo.

Creo en el infierno
porque he estado en él.

Creo en el infierno
porque salgo,
entro
a diario.

Creo en el infierno,
soy
una
casa
en
llamas.

Si tú,
hermana,
madre,
mujer,
no estás en llamas,
no lo puedes entender.

Porque yo
soy
la
sed.

Y ahora mismo,
lo único que necesito de ti
es un vaso de agua.

Noviembre no se deja vencer.
Es infinito.
Tulia GUISADO

Estudio sobre noviembre,
junio se adelanta,
es un reloj con déficit de tiempo.

Las horas son ladrillo de agua,
no sostienen mi memoria.
Me deshago entre caliza viva,
la piel que más pesa
es la piel que no se besa
(sin entenderme yo),
también es la que habito.

Hablamos de silencio como quien ejerce
la política de los vencidos.
El amor no justifica banderas,
tampoco gozamos del balcón en
nuestro pulmón.
Si no hay amor no existirían las guerras.

Por eso te amaba,
era justificar mi estrategia.
Es ejercer siempre la política
de
los
vencidos.

Si no hay amor no existirían las guerras.

Por eso te dejé de amar,
para no justificar nunca más la estrategia
(no existe).

Mi memoria de ladrillo no aguantaría
                        más
                        piedras.

Ni mi piel que no se habita
                    (no se besa),
                        solamente pesa.

Carece de importancia cuando entiendes su
                                                significado:

Hacer una mochila de viento
                con personas que se alimentan de aire
                                es renunciar a respirar.

                                                Simplemente vuela.

Late, corazón…
no todo se lo ha tragado la tierra.
Antonio MACHADO

El duelo como la risa,
siempre,
me llega tarde.
Con los sellos del continente
que no corresponde.

Es como vivir en una isla,
sin saber muy bien a qué altura
se precipita
el mar.

A veces,
como todo en esta vida,
es cuestión de aplicar
la perspectiva
adecuada.

Si todas tus ventanas
han sido rotas
de tirar las mismas piedras,
¿cómo piensas reconstruir
las siete puertas
que no te llevan a tu casa?

Quizá volvamos a tropezar,
pero allí donde me abandonaste no
volverás a encontrarme.
Bertolt BRECHT

Crezco en terrenos pantanosos.

//soy.**planeta**.flor//

A mi semilla le tendría que llamar
mañana
(por lo que nunca llega).

Donde eches raíces
construirás tu casa.
Mi piel tamiz del pilar
espero:
—Un huracán.
—Un terremoto que lo destruya
todo.

Volver a nacer en silencio

A veces soy tierra,
me dejo a las manos singulares
de quienes trabajan por amor.

Yo quiero ser trabajada
con amor.

Y de la memoria histórica
de mis ojos cantar victoria.

flotante.
Mi pantano es un jardín

Huye por los subterráneos
de la vida.
Se juega el porvenir al azar,
con los dados trucados,
sin suerte.

Es a la par el miedo
(impar el vértigo).

Una caída a cuerpo muerto.
||Mala digestión||.

Abriré mi tripa
para que mis no-hijas
salven el cuello.

Quiero ser una madre suficiente.

Dejando al devenir el tamaño
del abrazo que nunca se
permitía.

Corazón. Fango. Corazón.
(el barro entre los dientes).

Más allá de las puertas
del tiempo,
quiero
ser
una
flor.

Y que tus manos limpias
me recojan.

•

•

•

Cuando llueve la primavera

Donde he perdido algo, piso con más cautela.
Emily DICKINSON

Como Edward Hopper
expresando la soledad en sus retratos,
me siento más cómoda en la decadencia de Josephine.

Renunciando siempre a la luz para que otros brillen.
Renunciando siempre a la luz para.
No sé por qué.
La luz.

Dime, ¿qué piensas hacer
con tu única, salvaje,
preciosa vida?
Mary OLIVER

Renunciar como quien renuncia
en la mitad del juego,
no es lo mismo perder,
renunciar.

La pérdida es imposible de soportar
y lo que no se soporta
no se sostiene.

La renuncia en cambio
se siente leve.

Es alivio gritar **CASA** sobrevolar enemigos invisibles,
está todo en tu cabeza,

pequeñita,
aunque invencible.

Morir para volver a casa,
(renunciar es dejarse las llaves
dentro).

Nada graba tan fijamente en nuestra memoria
alguna cosa como el deseo de olvidarla.
M. de MONTAIGNE

El volumen de mi voz se mide
en el silencio que no
sé
gestionar.

Estar en silencio
es un máster,
nunca he obtenido crédito,
soy en negativo.

A veces hablo en semitonos.
El tono suena grave,
si es grave es rotundo,
si es rotundo es porque no,
no es no
(no hay por dónde sostenerlo).

Dejar caer todos los planetas del universo
por el alcantarillado de mi boca
(ser un delta), ¿un océano?

Tengo el cuerpo lleno de sal,
quién va a querer chuparme.

El silencio sabe a lágrimas.

Lo bueno es aquello que sin grandes destellos lo llena todo.
Carmen LAFORET

Quiero bailar,
le han cortado las piernas a mi
corazón.

Estoy sentada
en el borde de la
locura,
tullida,
como un recuerdo pendiente del
pasado.

Así se describe la dependencia
del amor,
bajo el peso que nos condena,
vivir despacio.

Tanta rutina solamente puede
desembocar en
miseria.

Platos sobre nuestra mesa,
manos vacías,
esta vergüenza nos desnuda,
frente al espejo,
demonizado de tanto dolor.

Quiero vivir sin muelas,
no dolerme hacia dentro.
Quiero vivir encima de ti,
así seguirás respirándome.

Quiero bailar,
dependo siempre de tus piernas.

Naciste corriendo.

¿Algún día conseguiré alcanzarte?

Yo no sé de pájaros,
no conozco la historia del fuego.
Pero creo que mi soledad debería tener alas.
Alejandra PIZARNIK

Nunca.
El insulto es nuestra casa.

Amurallados frente al mundo,
esperamos
con
paciencia
el
puente
levadizo
salir a la vida.

Lo que transmuta es
pequeño,
si es pequeño también será
efímero.
Una medalla de aire,
reconocer
enemigos
invisibles (son los más peligrosos),
están dentro de tu cabeza.

¿Acaso el espejo me dice cuál es la diferencia?

Enemigo de nadie,
mi muralla soy **yo**

frente al mundo.

Y el insulto.

La falta de respeto es en contra
de la vida,
siempre estará en otra parte.

La parte de mí que no soporto
es la que más encadena.

El puente levadizo me permite hablar
sin llorar.
Si lloro,
se desborda el caudal del río,
¿quién fluye si no puede parar
de llorar?

Los domingos en la calle La Palma
son una promesa más.
Mi suerte en los balcones recuerda:
aquí no hay murallas,
tampoco puentes.

Estamos atravesados por la luz de agosto.

Esperando con paciencia
el milagro.

Tengo fe.
Acaricio fantasmas en mi
cuerpo.

Y el amor no es más que un espíritu
transitable,
tampoco se detiene.

Eclipse total,
sucede cuando la Luna entra completamente en la zona umbral.

Aquí me tienes como siempre
dispuesta a la sorpresa
de tus pasos.
Blanca VARELA

Qué importante la medida
exacta
de un
sentimiento.

El amor ocupa su lugar
en el mundo,
esa es su medida
inexacta.

Respeto la emoción,
la rectitud de
mi
cuerpo.

Saltar sin mirar atrás,
a la velocidad del espacio,
del tiempo.

Cuando me veo frente a ti,
en este espejo a medias,
me reconozco.

El dibujo hecho a semejanza
                        es una onomatopeya
                                                        silencio.

Descender en
                círculos,
descender al mundo
                para ser
                                                    ¿íntegramente?
                                                      humana.

Me quiero reconocer
¿así?
contigocontigocontigocontigocontigo,
a medias.

Desde que te fuiste solo sé dividir
mis
palabras.

El amor ocupa su lugar en el mundo
                                        (la unidad te define).

Eres inmensa desde la
                                    matriz.

Lo que nace de ti
es lo que alimenta este
silencio.

El silencio es una casa en llamas.

En su cuerpo comprendo
la amabilidad del mundo.
Elvira SASTRE

Queríamos decir nada
—*dijiste todo*—. Tejado.
Queríamos la casa por el
buscábamos acariciar el pelo
a la ternura.
Construimos un reino bajo las sábanas,
para recitar poemas de memoria.

Me sé tu cuerpo,
por ello,
puedo decirlo en voz alta.

Cada piel que habito será como volver
a ti.

Somos el resultado de una química
impredecible.

Todavía no he sabido cómo volver
a casa.

En el fondo,
lo único que busco es que me quieran.

La soledad engancha más porque en realidad
es lo de menos.

Igual a mí,
siempre intentando sumar
la resta incesante,
mi nombre.

Hay promesas que solamente puedo hacer
a la luna.

En la calle La Palma las ventanas
se encienden.
Saber que estás allí,
bajo el cielo improvisado de una ciudad infinita.

Si te dejo de nombrar,
morirás como mueren las leyendas.

Te digo,
te persigo,
me proyecto entre las sombras
para llegar a ti.

Madrid es un mar
contaminado
de tristeza.

Y tú
eres el pulmón
por el que yo
no dejaría nunca
de
respirar.

(...) yo pensaba
que dolor significaba
no ser amada.
Significaba que yo amaba.
Louise GLÜCK

El amor es como Dios.

Abres los ojos,
delante de ti hay un hombre.

El amor como la fe,
ciega,
imposible retroceder.

El amor es llano.
Nuestra convicción es un plato
hondo.
Siempre hay hambre.
Se perpetúa la insatisfacción.

El amor no castiga.
La rabia es un juez,
cultiva odio.
Sentencia girasoles que dan la espalda
a la luna.
Sentirse enamorado es vivir a oscuras.
Esperando en silencio
la luz.

El amor no es como Dios.

Abrir los ojos
        no es ver delante de ti
                        a un hombre.

El amor
como
las montañas
genera
sistemáticamente
vibraciones
para
alterar
el
eje
estático
del
mundo.

Yo soy amor en movimiento.

Evita a la multitud.
SÉNECA

He aprendido a huir de los lugares a
tiempo.

Dar las explicaciones justas
(necesarias),
entender a las personas que ejercen su alegría
sin mala intención.
La vida es una fiesta.
y como buena fiesta
viene seguida de una
celebración.

He aprendido a huir de los lugares a
tiempo.

A caminar
entre las calles más estrechas,
las menos concurridas.
Andar despacio para prestar atención
a lo que me rodea.
Una sabe que los caminos por los que volvemos
son los que nos llevan directamente
al amor.

He aprendido a huir de los lugares a
tiempo.

Sigo sin saber madrugar,
me encanta dormir hasta que aguante
el cuerpo.

Hablo en primera persona del plural,
creo en esta calle tan nuestra,
no es de nadie,
hablo de ti en esta calle,
los cimientos se sostienen
de un recuerdo tuyo,
no cesa.

He aprendido a irme de los lugares a
tiempo
(de ti no aprendo a irme).

Me dicen:
—seguramente sea lo mejor—
cerrar capítulos eternos
donde el subrayado constante de tu nombre
no se puede leer.

¿Pero sabes qué?

No
me
apetece,
lo siento.

Es un punto inamovible en mi historia.

Porque he aprendido a irme de los lugares a tiempo,
por ti.

He aprendido que me gusta dormir bajo la luz de las farolas,
por ti.

Estos poemas surgen de la huida,
son un camino de regreso
hacia
mí.

Porque he aprendido a irme de los lugares a
tiempo.

Y el lugar al que regreso
soy
yo.

Dedicándote siempre poemas de
amor.

Nacidos,
naturalmente,
en el corazón de los balcones que te aguardan
en la calle La Palma.

El mundo se derrumba
y nosotros nos enamoramos.
CASABLANCA

Tengo la suerte de lo imprevisto,
la magia de lo improvisado.

Planear cómo buscar
desesperada
la felicidad
es olvidar la emoción del momento.

En mí no existen las agendas,
le arranco las hojas
al calendario.

Agosto es un imposible
con inminente final.
La vida
(como el amor)
sucede en la atmósfera que me rodea.

Camino a ciegas,
tengo los ojos llenos de luz.
Camino sin rumbo,
mis pies se han vestido con tus flores.

Mi Madrid *no es* tu Madrid,
no coincidimos en las mismas calles.
Los relojes no van a detenerse en
las horas felices,
porque no existen.

Nuestro enemigo en común es la ironía.

Nuestra metáfora de los pasos de cebra,
fábula animal de echar un pulso a
los semáforos,
verde,
te quiero siempre en verde.

Ya no creo en mi suerte,
creo en ti.

Entre lo bendito,
lo imaginario,
quiero creer en mí.

Agosto
imposible.

Agosto
improvisado.

Agosto
no
tiene
balcones.

La epifanía fue abrir,
por primera vez,
las ventanas.

¿No serás tú la luz que nunca cesa?

Si yo, tú.
Si tú, yo.
Sin ti, nada.
Sin mí, si quieres, prueba.
Txus di FELLATIO

Caminaremos en la misma dirección.

En la misma acera,
rodeada de las mismas gentes,
con el mismo paso de los años
protegiendo nuestras sienes
de ese mismo sol que nos ciega.

Caminaremos en la misma dirección,
tendremos que cruzar el mismo puente.

Saludando a la familia
(se queda atrás)
tal vez los viejos amigos,
los mismos viejos amigos.

Sin sujetar nuestras manos.
Sin mirarnos de reojo.
Sin levantar nuestras cabezas.

Sin aproximar los cuerpos.
Sin observar el lenguaje a ciegas
de nuestros labios.
Sin sobrepasar este irascible límite
de seguridad.

Caminaremos en la misma dirección.

Quizás,
la poesía consiste en esperar
un milagro
dispuesto a desordenar nuestro
camino.

Tropezar
(por ejemplo)
en la puerta de tus ojos
y que tú me vuelvas a mirar.

Es en la sorpresa donde está la vida.
Ángela BECERRA

Agosto es una promesa que nunca
termina.

Agosto es,
quizás,
una herida a golpe de
silencio.
Agosto son todas las ventanas
abiertas.

Y el ruido.
Descansa en los balcones,
en la calle La Palma esa gente no habita,
transita,
no quedan espectadores en el
vecindario.

Agosto puedo ser yo
con la piel vacía de
caricias.
Agosto claramente no soy yo
jugando a la imaginación
(nadie me espera en los portales).

Agosto tampoco podía ser
perfecto.

Agosto es
pluscuamperfecto.

Agosto determina la caída,
es por condición
el detonante del comienzo.

No pretendo huir de mí
sin mí.

Por las noches,
recorro la arteria infinita
de Malasaña.

Con el sonido impaciente de las llaves
anunciando el sí,
estoy en casa,
dirigiéndome hacia allí.

Las cosas siempre se encuentran en
su lugar.

El día que yo pueda recibirte,
las cosas se van a encontrar en
su
lugar.

Ese lugar soy yo,
agosto,
después vendrá septiembre
y qué hacemos con el frío.

No quiero volver a desordenarme
si por ello
no voy a encontrar las llaves.

Este cuerpo se sostiene de creencias,
de convicciones.

Agosto se asoma al balcón,
sonríe.

Hay fantasmas por todas partes.

Son el ejército enamorado de la
vida.

Si nadie nos esperaba y ocurrimos,
¿quién podrá asegurar nuestra derrota?
Alberto CONEJERO

Creo
que
estamos
lloviendo
en forma
de pirámide.

La jerarquía fluvial:

Tu lágrima vertical
frente
a la horizontalidad
de mi llanto.

Arrastramos,
como el vendaval,
cualquier índice emocional.

Las nubes son nubes,
no hay por qué explicar la razón
de su movimiento.

Te has ido.

Yo terminaré por desmontar
los pequeños apliques de tu
memoria,
el tabique en mi habitación
de truenos.

Has sido fugaz como un relámpago.

Y aquí no soy,
agoté todos mis charcos
para tus botas de agua.

Es domingo.
Llueve en Madrid.

Para octubre,
noviembre será la promesa
más triste.
Septiembre
no lo pudo cumplir.

Tengo un sentimiento nómada
esperando lo imposible.

Todo era posible.

Tú y yo,
en las noches de tormenta.

Tú apareces en todas las líneas que he leído
en mi vida.
Charles DICKENS

Hay algo más profundo en la memoria,
el olvido.
Si dejas de decir los nombres en voz alta,
desaparecen,
entre cajones ordenados por el tiempo,
su nostalgia.

Decir un nombre es una revelación,
sentir que te dicen es un acto
revolucionario.

Si tú dejaras de nombrarme,
desaparezco.
Existir sin ser nombrada no es
existencia.

Sigo en movimiento,
quiero llegar hacia ti.
En el acto de no contradecir esta intuición,
manteniéndome en la justa distancia,
merecida.

¿Qué significa merecer?
Ser encontrada.

Hay tesoros ocultos en la atmósfera
del recuerdo.

Mis tobillos no serán tus piernas,
mis manos no manejarán tu cuerpo.

El mapa de tu piel
lo puedo decir en voz alta.

Ahora ya no vivo a oscuras.

Estar ciega no era excusa,
en la calle La Palma
mis balcones se quedan abiertos.

De noche imagino tu voz,
susurrando que abra esa puerta.

Nunca estuvo cerrada.
|•|
Ni siquiera creo en las puertas.

Índice

ECLIPSE PENUMBRAL (O APULSO)

ECLIPSE PARCIAL

ECLIPSE TOTAL

Este libro se terminó de editar en Granada
en noviembre de 2024 por

Aliarediciones

www.aliarediciones.es
info@aliarediciones.es